www.ingramcontent.com/pod-product-compliance
Lightning Source LLC
Chambersburg PA
CBHW072139070526
44585CB00016B/1742
* 9 7 8 1 6 3 6 5 7 2 8 4 0 *